AMÉLIORATION

DU SORT

DES TRAVAILLEURS

OU

LOIS ORGANIQUES DU TRAVAIL.

AMÉLIORATION

DU

SORT DES TRAVAILLEURS

OU

LOIS ORGANIQUES DU TRAVAIL,

PAR

François Jeandeau,

Membre du Comité du Travail, Représentant du peuple pour le département de Saône-et-Loire, ancien élève de l'École des arts et métiers de Châlons-sur-Marne.

PARIS

IMPRIMERIE ET LIBRAIRIE CENTRALES DES CHEMINS DE FER,

DE NAPOLÉON CHAIX ET Cⁱᵉ,

20, rue Bergère, près du boulevart Montmartre.

1849

QUE M'ONT CONFIÉ LES ÉLECTEURS

DE SAONE-ET-LOIRE.

Je n'ai point la fatuité de me poser en régénérateur de la société tout entière : je ne me sens pas de cette taille. Néanmoins mes sympathies sont acquises aux hommes d'avenir qui poursuivent leur noble but, en bravant courageusement les persécutions et les calomnies des égoïstes ou des ignorants. La croix ne fut-elle pas, il y a dix-huit cents ans, la récompense du premier enseignement démocratique?

En traversant tous les grades du travail, j'ai vu de près, et sous toutes les formes, les maux qu'entraînent les vices de son organisation. J'ai cru comprendre ma mission, et coopérer à l'amélioration du sort des ouvriers, en consacrant tout mon temps à la recherche des abus qui atteignent le travail, et des moyens de les faire disparaître. J'ai encore pensé que ce serait servir la même cause, en consignant dans cette brochure le résultat de ces recherches laborieuses; qu'on me pardonne cette dernière prétention en faveur des intentions qui m'animent.

Comme ancien élève des écoles des arts et métiers, je comprends l'importance de l'éducation professionnelle ; voilà ce qui me fait dire que, dans le projet de loi sur l'apprentissage, on a glissé trop légèrement, malgré tous mes efforts, sur cet important sujet.

Comme ouvrier, j'ai été en position de sentir la nécessité d'organiser de vastes associations de secours mutuels et de caisses de retraite pour les travailleurs, afin de parer aux éventualités malheureuses quand ils sont jeunes, et leur procurer des ressources dans l'âge avancé.

Comme contre-maître et maître, j'ai acquis la certitude que les ouvriers et les maîtres-ouvriers ont tort de se considérer comme auteurs réciproques de leur misère. L'ennemi commun, c'est le parasite, l'intermédiaire inutile, l'usurier, le justicier, et puis la concurrence qui ne profite à personne, et nuit à tout le monde. C'est l'espoir de vaincre cet ennemi, ou plutôt ce monstre à plusieurs têtes, qui m'a fait : 1° rédiger le projet de loi sur les jurys professionnels ; 2° signaler de graves abus dans la distribution du travail en matière de travaux publics, en indiquant quelques mesures législatives pour les faire disparaître ; 3° proposer la modification de l'article 2103 du Code civil sur les priviléges accordés aux ouvriers.

Comme mécanicien, j'ai parcouru bon nombre de fabriques et manufactures ; eh bien, à mesure que je voyais, cette conviction, pour moi, augmentait. Je compris qu'il fallait impérieusement protéger par une loi les femmes et les enfants contre l'inhumanité de certains chefs d'industrie, qui abusent de leurs avantages sur les faibles ; c'est pourquoi j'ai pris une grande part à la rédaction du projet de loi sur les femmes et les enfants dans les ateliers et manufactures.

Comme un des cinq représentants choisis par nos collègues, pour faire un rapport sur l'enquête générale ordonnée par l'Assemblée nationale sur l'industrie et l'agriculture ; je regrette vivement que la prompte dissolution du pouvoir constituant soit venue nous mettre dans l'impossibilité de terminer notre travail.

Voici la part que j'en voulais tirer dans l'intérêt des travailleurs : après avoir fait un tableau statistique, établissant les diverses catégories de corps d'état, le nombre d'ouvriers employés dans chacun d'eux, en indiquant le rapport qui existe entre la somme de forces que peut dépenser un ouvrier pendant une journée, et la variation en dépenses de forces, suivant certains états plus ou moins fatigants, mon intention était de rédiger un projet de loi sur la limitation des heures de travail, proportionnelle à la fatigue relative des divers corps d'état, afin que chacun n'eût à dépenser que la même somme de forces.

Au point de vue de l'organisation du travail, deux mots suffiront pour démontrer l'importance d'une loi de ce genre, et la nécessité de la rendre obligatoire pour tous. En effet, est-il un remède plus efficace pour sauvegarder les intérêts des patrons et ouvriers, que d'empêcher l'ouvrier de ruiner sa santé par un travail excessif, en faisant de la besogne pour deux, et le patron de spéculer sur ses ouvriers pour faire une concurrence désespérée à ses confrères? Je ne le crois pas; car, dès que ces derniers s'aperçoivent des moyens qu'emploie l'ambitieux patron pour faire exécuter ses marchandises à meilleur marché qu'eux, ils sont forcés, sous peine de ruine, de l'imiter; de sorte qu'il suffit de la présence d'un rusé et méchant homme dans tout un corps d'état pour rendre plus mauvaise la position de tous ses membres. C'est ainsi que, dans certaines industries, on est arrivé graduellement à faire faire aux ouvriers seize et dix-sept heures par jour, et que, dans les centres industriels où cela existe, c'est une dérision de tirer au sort pour la conscription, puisque l'excès de travail a amené ce résultat, qu'on ne trouve pas assez d'hommes valides pour faire le contingent.

Quoique le décret de l'Assemblée sur la limitation des heures du travail soit loin d'atteindre le but que j'indique, je le donne dans cette brochure pour qu'on puisse se pénétrer de son insuffisance, en lisant attentivement ce qui précède.

La loi sur les prud'hommes est connue de tout le monde, c'est pourquoi je me dispense d'en parler.

Pour compléter ce qui précède, des institutions de crédit, abordables aux ouvriers intelligents et honnêtes, sont indispensables. Personne plus que moi ne désire les voir s'organiser sous le patronage de l'Etat. Mais là s'arrête ma compétence; je laisse à d'autres le soin de traiter cette question : à chacun sa spécialité.

Dans tout le contenu de cette brochure, rien de ce qui ressemble à de la violence ou à de la spoliation; je reste dans la limite de l'art. 13 de la Constitution ; et cependant je suis du parti qu'on qualifie de rouge, de partageux, etc.

DE L'AMÉLIORATION DU SORT DES TRAVAILLEURS.

—

TRAVAUX PUBLICS,

Trop souvent les travaux se donnent plutôt qu'ils ne s'adjugent à un entrepreneur général qui les subdivise en trois ou quatre entreprises. La participation au travail de cet entrepreneur général se résume à palper des bénéfices souvent scandaleux sur les trois ou quatre autres. Ces travaux ainsi subdivisés, étant encore d'une importance trop grande pour qu'un homme puisse y suffire, se subdivisent derechef et toujours aux mêmes conditions, jusqu'à ce que l'exécution du travail soit rendue possible à un seul et spécial entrepreneur ; de sorte que, par suite de ces subdivisions, il arrive que le salaire de l'ouvrier producteur ne s'élève souvent qu'à la moitié du prix déboursé soit par l'Etat, soit par des actionnaires débonnaires. Aussi qu'arrive-t-il encore? c'est que les petits entrepreneurs, qui sont aussi de véritables et laborieux travailleurs, dans l'impossibilité de faire honneur à leurs affaires, par suite des dîmes prélevées sur eux par les intermédiaires nuisibles du travail, sont obligés de faillir, d'abandonner les travaux; car aux premiers maux viennent s'ajouter les tracasseries des employés des ponts et chaussées qui, sur le moindre prétexte, je dirai même le moindre caprice, refusent les matériaux, suscitent des embarras, et font du petit entrepreneur un esclave qui n'a qu'à se soumettre. Ses tyrans sont seuls juges et parties des différends qui peuvent surgir entre eux et lui.

C'est alors qu'apparaît dans toute sa laideur la désorganisation du travail. Tous ceux qui y touchent sont ruinés, et avec eux les habitants travailleurs de l'endroit où s'exécutent les travaux; car ces habitants fournissent aux ouvriers , sur des bons de l'entrepreneur , des souliers , des pelles, des pioches et la nourriture.

A côté de ce triste spectacle, les intermédiaires nuisibles du travail, qu'ils n'ont souvent jamais vus, éclaboussent en passant les malheureux qu'ils ont ruinés.

Avant de continuer, j'ai besoin de déclarer hautement qu'en analysant d'une manière générale les abus qui atteignent le travail et les moyens de les faire disparaître, il n'est pas dans ma pensée de donner un nouvel aliment à cette déplorable discorde suscitée dans tout le corps travaillant par des penseurs, dont je suis le premier néanmoins à reconnaître les généreuses intentions.

Suivant moi, l'ingénieur, l'architecte, les patrons, les ouvriers, tous ceux enfin dont l'intervention est indispensable à la production, appartiennent sans exception à la grande famille des travailleurs, et méritent, en raison de leur zèle et de leur aptitude, une égale sollicitude de la part des réformateurs.

Grande est donc l'erreur de ceux qui croient qu'on peut améliorer le sort des uns aux dépens des autres.

Mon but n'est pas de faire des phrases, mais de coopérer, dans la mesure de mes connaissances toutes pratiques, à la réalisation de l'œuvre démocratique et fraternelle, c'est-à-dire à l'amélioration du sort des travailleurs.

Je n'invoquerai pas comme moyen l'application des doctrines absolues, dont les effets seraient, non-seulement la suppression de la noble émulation dans le travail, pour la remplacer par la ruineuse perturbation, mais encore la perte de la liberté d'initiative qu'a chaque individu de faire ce qu'il veut et d'organiser son travail comme il l'entend.

Je crois sincèrement qu'on peut, sans chercher dans les nuages ni froisser les droits acquis, résoudre le difficile problème de l'organisation du travail par des institutions justes et équitables. Ces institutions sont au nombre de celles que je considère comme conséquences sociales de la République démocratique.

Je poursuis mon œuvre, que je n'aurais peut-être pas dû faire précéder par cette digression que j'ai cependant crue opportune.

J'espère avoir établi que le mode actuel de distribution des travaux publics en entreprises monstres, nécessite l'intervention dans le travail d'une foule de parasites ou industrialistes dont le nombre s'est démesurément accru pendant le dernier règne.

J'ai démontré que ces intermédiaires nuisibles accaparaient une notable partie du salaire, bien qu'ils n'y eussent aucun droit. Si maintenant je prouve leur inutilité, et si j'établis comment on peut les supprimer, n'aurai-je pas évidemment indiqué un moyen positif et non illusoire d'améliorer le sort des travailleurs dont la participation au salaire est seule légitime?

Quand il s'agit de travaux publics, on obtiendrait cet important résultat en adoptant les quatre mesures suivantes :

1° Limiter l'importance des entreprises, de telle sorte qu'il ne puisse y avoir d'intermédiaires entre l'État qui paie d'une part, et l'ouvrier qui exécute d'autre part, que les employés des ponts et chaussées, l'entrepreneur, ses contre-maîtres et un commis aux écritures.

Ainsi, toute entreprise délivrée à un entrepreneur, pour être exécutée dans le courant d'une année, ne devrait pas dépasser la somme de deux cent mille francs, à moins d'impossibilité exceptionnelle.

2° Exiger des soumissionnaires de travaux publics, plus qu'on ne le fait, des garanties non équivoques de capacité et de moralité; car de ces deux conditions dépendent la réussite de l'entreprise, la bonne exécution des travaux dans l'intérêt de l'État, la garantie du payement des ouvriers et des habitants de l'endroit où ils s'exécutent.

3° Interdire à un entrepreneur d'un métier de se rendre adjudicataire de travaux en dehors de sa spécialité. N'est-il pas impossible, en effet, qu'une entreprise de charpente, par exemple, soit conduite convenablement et dans l'intérêt de tous par un entrepreneur de terrassement, et réciproquement?

4° L'aptitude et la moralité de l'entrepreneur étant acquises par le seul fait des travaux qui lui sont adjugés par l'État, lui ouvrir un crédit pendant toute la durée de son entreprise, à l'une des banques nationales du département où s'exécutent les travaux, avec la garantie de l'État et sous la surveillance de l'ingénieur chargé de régler les comptes de l'entrepreneur. Le cautionnement, en supposant qu'on l'exigeât à l'avenir, devrait être versé à cette banque comme une garantie de plus des opérations de l'entrepreneur.

L'honneur et la fortune de l'entrepreneur sont à la merci des ingénieurs et employés des ponts et chaussées, puisque ces derniers représentent l'administration, et qu'en vertu d'un principe inique, la loi actuelle dit : *Il n'appartient qu'à l'autorité administrative d'apprécier le caractère et la portée des actes administratifs au sujet des contestations qui peuvent s'élever entre elle et les particuliers.* C'est-à-dire qu'au mépris du droit commun, l'administration juge souverainement dans sa propre cause. Ce principe juridique ne met-il pas, de la manière la plus odieuse, les entrepreneurs dans la dépendance du bon ou mauvais vouloir des agents de l'administration? De sorte qu'en profitant de la rigueur ou de l'élasticité des clauses et conditions des cahiers des charges, ces messieurs peuvent à leur gré ruiner ou enrichir un entrepreneur. Il n'est pas un seul homme pratique qui ne soit pénétré de cette vérité.

Que se passe-t-il donc, quand il y a contestation entre un entrepreneur et un ingénieur, sur l'interprétation du contrat qui les lie? Dans un mémoire présenté à l'Assemblée nationale par la Société des ingénieurs civils de Paris, je trouve à cette interrogation la réponse que voici : « L'ingénieur, » quoiqu'il soit en cause, prononce avec autorité, et sans » être tenu de déduire les motifs de son opinion à l'entre- » preneur; celui-ci est obligé de se soumettre immédiate- » ment à cette décision. » Cela ne ressemble-t-il pas, à s'y méprendre, à cette obéissance passive du soldat qui n'a droit à se faire rendre justice que quand il a subi sa punition ?

Par cette décision qui le frappe, l'entrepreneur pense-t-il être victime d'une haine personnelle ou de l'inexpérience d'un jeune ingénieur : il réclame; et le conseil de préfecture, qui en réalité n'est compétent que pour juger administrativement, confirme presque toujours la décision de l'ingénieur. Ainsi, sans discussion contradictoire, un jugement est rendu contre une des parties contractantes par son adversaire, que la loi institue juge et partie dans sa propre cause.

Reste le conseil d'État, auquel l'entrepreneur a droit d'en appeler. Alors seulement on lui permet de prendre connaissance de son dossier et de présenter sa défense. Il n'y a donc que là, par conséquent, qu'il rencontre la justice, encore se présente-t-il devant des juges prévenus par plusieurs décisions pour ainsi dire préventives. Eh bien, malgré ce concours de circonstances défavorables, les deux tiers de ces jugements en conseil d'État sont rendus en faveur des entrepreneurs, c'est-à-dire que, sur trois appréciations, les ingénieurs se trompent au moins deux fois au préjudice de l'entreprise. Remarquons en passant qu'il en est qui se trompent toujours.

Pour obtenir cette justice tardive, il faut des années, beaucoup d'argent, et perdre un temps précieux. De sorte qu'en définitive l'arrêt fût-il rendu en faveur de l'entrepreneur, sa ruine n'en est pas moins consommée, et, comme conséquence, détermine celle de ses ouvriers et fournisseurs.

Cette juridiction, qui substitue l'arbitraire au droit commun, a donc pour effet regrettable :

1° De mettre l'entrepreneur dans la nécessité, sous peine de ruine complète, d'être un esclave soumis aux exigences et tracasseries de toute la gent administrative, car l'entrepreneur expérimenté a appris à ses dépens ce qu'il en coûte de se permettre d'avoir raison avec ces messieurs. Aussi, pour réussir, faut-il être esclave avec son ingénieur, et bon vivant ou généreux avec les conducteurs, piqueurs, etc. ;

2° De jeter dans une grande partie du travail la démoralisation, et sur les salaires de tous ceux qui interviennent dans l'exécution des travaux, un grave préjudice.

Pour faire disparaître cet abus, qui a des conséquences si fâcheuses, il suffirait de rétablir pour tous l'exercice du droit commun, c'est-à-dire de renvoyer devant la juridiction ordinaire pour statuer sur les contestations entre les entrepreneurs et l'administration.

Fr. JEANDEAU,

Représentant du peuple et ancien élève de l'École
des arts et métiers de Châlons-sur-Marne.

PROPOSITION

Sur la création de jurys professionnels, précédé d'un Exposé des motifs présentée le 27 juillet 1848 par le citoyen Jeandeau, représentant du peuple.

Citoyens représentants,

Vous avez généralisé et révisé démocratiquement les conseils de prud'hommes, dont le but est de résoudre en famille les différends entre patrons et ouvriers. Vous avez donc fait beaucoup en faveur des travailleurs : mais il reste encore plus à faire dans cette voie.

En effet, on a cru jusqu'alors, et bien à tort, que les patrons exploitaient les ouvriers, et que là était la cause de la mauvaise condition de ces derniers. Tous les jours on revient de cette funeste erreur. On reconnaît que patrons et ouvriers sont égaux en misère. Que de larmes, que de peines épargnées, si un peu de la pratique du travail se fût mêlée aux efforts des philanthropes penseurs, pour démontrer à tous cette corrélation si intime entre le bien-être et la misère de l'un et de l'autre, qui fait que le bonheur ou la souffrance du maître rejaillit inévitablement sur ses ouvriers !

Le problème de l'amélioration du sort des travailleurs patrons et ouvriers, que désormais il ne faut plus séparer, sera résolu quand on aura fait disparaître du travail, un à un, les abus qui l'atteignent sans jamais froisser aucun des droits acquis. C'est l'ensemble des institutions ayant cette tendance qu'on devrait considérer comme juridiction du travail, ou plutôt comme organisation du travail.

Je crois vous en fournir l'occasion, en soumettant à vos délibérations un projet de décret dont le but est la suppression d'un de ces abus.

Dans l'état actuel de nos institutions, quand des contestations s'élèvent entre un maître-ouvrier et celui qui l'a fait travailler, un procès toujours long et ruineux s'engage : des experts souvent incompétents sont nommés par le tribunal ; ils tranchent la difficulté plutôt qu'ils ne jugent, et rarement dans l'intérêt du travailleur. Les frais d'expertise, d'homologation, les réductions faites inconsidérément et presque toujours ratifiées par les tribunaux, viennent anéantir le plus souvent les bénéfices trop restreints du maître-ouvrier. De là sa misère, qui réagit nécessairement sur les salaires.

Le décret qui vous est soumis, en amenant à toute contestation de ce genre une solution prompte, équitable et gratuite, aurait pour immense avantage de faire rentrer dans le travail un tiers du salaire, qui en est distrait par l'intervention ruineuse des frais de justice et des emprunts usuraires auxquels les maîtres-ouvriers sont obligés d'avoir recours à cause des lenteurs judiciaires.

PROJET DE DÉCRET.

ARTICLE PREMIER. Il sera créé au chef-lieu de chaque arrondissement des jurys professionnels, ayant pour mission spéciale de statuer, amiablement et sans frais, sur les différends qui s'élèveront entre les maîtres-ouvriers et quiconque les aura fait travailler.

ART. 2. Si le différend a pour objet une somme inférieure à 5,000 fr., les parties adverses ne seront recevables à intenter une action devant les tribunaux ordinaires qu'après avoir épuisé les voies conciliatrices des jurys professionnels, et à la charge par elles d'en justifier.

ART. 3. Indépendamment des préliminaires de conciliation dont ils sont exclusivement chargés, les jurys professionnels pourront connaître en premier et dernier ressort, sans qu'il soit besoin d'homologuer le jugement rendu par eux, de tout différend de la nature déterminée par l'art. 1er, à quelque somme que puisse s'en élever l'importance, si les parties adverses déclarent s'en référer par compromis, dont acte sera dressé à l'audience.

ART. 4. Les parties comparaîtront sur le vu d'un simple billet d'invitation délivré par le greffier, ainsi que cela se pratique par-devant les tribunaux de paix.

En cas de non comparution volontaire, la partie récalcitrante sera régulièrement assignée, et à ses frais.

Les délais de comparution légaux seront ceux qui ont été consacrés par la loi, sur les citations devant les juges de paix.

ART. 5. Il y aura autant de jurys professionnels que de catégories comprenant les divers corps d'états analogues, et susceptibles d'être soumis à une compétence mutuelle.

Ces catégories sont au nombre de six , comme il résulte du tableau annexé au présent décret.

Le jury spécial de chaque catégorie se compose d'un président, de deux jurés , de trois suppléants et d'un greffier commun aux six catégories.

ART. 6. Les jurés et leurs suppléants seront élus au chef-lieu, par tous les maîtres-ouvriers de l'arrondissement, convoqués *ad hoc*, et par autant de conseillers municipaux ou notables délégués par les communes, en nombre égal et proportionnel à celui des susdits électeurs maîtres-ouvriers.

Le maire ou l'adjoint du chef-lieu d'arrondissement préside de droit les élections. Le mode à suivre sera celui qui a été adopté pour l'élection des juges consulaires.

ART. 7. La nomination des présidents des jurys professionnels de chaque catégorie appartient au sous-préfet ; il choisit parmi les trois jurés élus.

En l'absence du président, le plus âgé des deux assesseurs le remplacera.

Le greffier est élu par le président du tribunal civil, sur une liste de trois candidats , désignés par les jurés et leurs suppléants.

ART. 8. Nul ne peut être juré, s'il n'a trente ans au moins , s'il n'est ou n'a été maître-ouvrier dans une des professions comprises dans les six catégories , ingénieur, architecte, agent-voyer ou géomètre, et si, d'autre part, il ne jouit pas de l'exercice complet de ses droits civiques.

ART. 9. Les jurys professionnels sont renouvelés chaque année.

Les jurés sont indéfiniment rééligibles. En cas de mort ou d'empêchement de l'un d'eux , les jurés suppléants sont appelés à compléter les cadres.

ART. 10. Un traitement fixe est alloué aux greffiers, sur le budget de l'Etat.

Les jurys professionnels, agissant comme conciliateurs, prononcent sans frais.

En cas de jugement définitif en vertu d'un compromis, les frais indispensables seront mis à la charge de la partie condamnée; il en sera délivré exécutoire, comme pour les frais d'expertise, par le président du tribunal civil.

Les vacations et transports seront taxés à moitié du prix alloué par le tarif en matière de justice de paix et des tribunaux de commerce.

CATÉGORIES.

Chacune des catégories aura un jury spécial, et comprendra :

Première catégorie.

Mécaniciens. — Fondeurs en fer. — Forgerons-mécaniciens. — Serruriers en bâtiments. — Chaudronniers-mécaniciens, etc., etc.

Deuxième catégorie.

Charrons. — Forgerons. — Maréchaux. — Taillandiers. — Serruriers en voitures, etc., etc.

Troisième catégorie.

Maçons. — Tailleurs de pierres. — Couvreurs. — Paveurs. — Terrassiers, etc., etc.

Quatrième catégorie.

Plâtriers. — Peintres en bâtiments. — Colleurs. — Stucateurs. — Marbriers. — Fumistes, etc.

Cinquième catégorie.

Fondeurs en cuivre. — Ferblantiers. — Chaudronniers en cuivre. — Poêliers et fournalistes. — Fondeurs d'étain, etc.

Sixième catégorie.

Charpentiers. — Menuisiers. — Ebénistes. — Modeleurs. — Scieurs de long, etc.

MODIFICATION

de l'article 2103 du Code civil.

Il est dit dans le 4ᵉ paragraphe de cet article :

« Sont privilégiés sur les immeubles, les architectes, en-
» trepreneurs, maçons et autres ouvriers employés pour édi-
» fier, reconstruire et réparer des bâtiments, canaux ou au-
» tres ouvrages quelconques, pourvu néanmoins que, par
» un expert nommé d'office par le tribunal de 1ʳᵉ instance,
» dans le ressort duquel les bâtiments sont situés, il ait été
» dressé *préalablement* un procès-verbal, à l'effet de consta-
» ter l'état des lieux relativement aux ouvrages que le pro-
» priétaire déclarera avoir dessein de faire, et que les ouvra-
» ges aient été, dans les six mois au plus de leur confection,
» reçus par un expert également nommé d'office. »

Protéger la propriété résultant de la sueur du travailleur, telle a été en rédigeant cet article, l'intention manifeste du législateur. Deux mots suffiront cependant pour démontrer d'une manière évidente qu'il s'est trompé, et que ce semblant protecteur n'est en réalité qu'un leurre; en effet :

Les ouvriers de tous les états trouvent si difficilement l'occasion de gagner le pain de chaque jour, d'échanger leur sueur et leurs talents contre ce qui procure les moyens de vivre, ils sont si confiants et forcés d'être si soumis, que jamais ils ne leur vient à l'esprit de suspecter la bonne foi et la solvabilité des gros messieurs qui les font travailler.

Mais je m'en rapporte à tous les ouvriers, en est-il un seul qui trouverait pour un liard d'ouvrage si, pour garantir le payement de son labeur, il se permettait de remplir les for-malités *préalables* que prescrit la loi? Je le demande aussi à tous ceux qui font travailler, en est-il un seul qui ne considérerait pas comme un procédé inouï et ridicule cette velléité de l'ouvrier ?

Il y a donc nécessité impérieuse de faire cesser cet état de chose, en remplaçant ces formalités, qui sont entourées d'impossibilités inabordables par leur nature, par certaines mesures législatives qui, tout en garantissant le payement des travaux exécutés, empêcheraient cependant la fraude.

On obtiendrait cet important résultat en modifiant ainsi le 4e paragraphe de l'art. 2103 :

« Sont privilégiés sur les immeubles, bien qu'aucunes for-
» malités antérieures à l'exécution des travaux n'aient été
» remplies, les architectes, entrepreneurs, maçons et autres
» ouvriers employés pour édifier, reconstruire ou réparer des
» bâtiments, canaux ou autres ouvrages *réputés immeubles*
» par destination, pourvu que par une enquête ordonnée par
» le tribunal de 1re instance, dans le ressort duquel les tra-
» vaux ont été exécutés, il soit bien constaté que la récla-
» mation du demandeur n'est point entachée de fraude. »

Je dis : *réputés immeubles par destination*, pour faire participer les mécaniciens au bénéfice de cet article ; car à l'égard des travaux mécaniques, les tribunaux ne sont pas encore d'accord sur son interprétation.

JEANDEAU.

PROJET DE LOI

Sur les sociétés de secours mutuels, présenté à l'Assemblée nationale constituante par le Comité du travail.

ARTICLE PREMIER.

Il devra être formé dans chaque canton une commission chargée de favoriser dans les communes de la circons-

cription la création et le développement des sociétés de secours mutuels.

ART. 2.

Cette commission sera composée du juge de paix du canton, président ;

Du maire du chef-lieu du canton, vice-président;

D'un délégué de chacun des conseils municipaux de la circonscription ;

Des membres désignés par le conseil cantonnal en nombre
égal à celui des délégués communaux, et pris de préférence
parmi les fondateurs et membres des sociétés de secours.

ART. 3.

La commission cantonnale choisira dans son sein un comité qui réunira et transmettra aux sociétés de secours
mutuels tous les documents statistiques et toutes les instruc-
tions nécessaires pour leur faire connaître les bases ration-
nelles sur lesquelles doivent être fondées ces institutions.

Ce comité devra également recueillir les résultats qui se
produiront dans le développement de ces sociétés, et les
transmettre au conseil général du département, qui les adres-
sera à l'administration centrale.

ART. 4.

Ces associations ont pour but d'assurer des secours aux
sociétaires des deux sexes, dans les cas d'incapacité de travail résultant de maladies ou blessures seulement, tant qu'ils
feront partie de la Société par le versement régulier de leur
cotisation.

ART. 5.

Elles s'administrent par elles-mêmes ;
Elles rédigent leurs statuts et règlements.

ART. 6.

Ces sociétés pourront être, sur leur demande, constituées

en établissement d'utilité publique, par un arrêté pris par le préfet en conseil de préfecture, sur l'avis de la commission cantonnale, et aux conditions qui seront déterminées par ledit arrêté.

Les sociétés ainsi constituées seront habiles à recevoir les donations ou legs, conformément à l'article 937 du Code civil.

Néanmoins, le règlement d'administration publique portant autorisation pourra imposer à la jouissance des dons et legs telles conditio s qui seront jugées nécessaires.

Les dons et legs d'objets mobiliers ou de sommes d'argent n'excédant pas mille francs, sont exécutoires én vertu d'un simple arrêté du préfet.

Art. 7.

Ces sociétés ne pourront prononcer elles-mêmes leur dissolution ; elles pourront être dissoutes par un arrêté du préfet, en conseil de préfecture, après avoir pris l'avis de la commission cantonnale.

Art. 8.

Les sociétaires faisant partie de la Société au moment de la dissolution, prélèveront sur l'actif de la Société le montant de leurs versements, déduction faite des dépenses qu'ils auront occasionnées.

L'excédant, s'il y en a, sera versé à la Caisse des dépôts et consignations, pour être attribué à des associations de même nature, soit dans la commune, soit dans le canton, suivant les formes et aux conditions qui seront déterminées par un règlement d'administration publique.

Art. 9.

Toutes les pièces de procédure relatives aux actions exércées au nom de ces sociétés, tous récépissés, procuration, titres, et en général tous les actes concernant ces associations, seront exempts de droits de timbre et d'enregistrement, et pourront être faits sous signature privée.

Art. 10.

Les communes fourniront à ces sociétés les locaux nécéssaires à leurs réunions.

Elles se chargeront, en oûtre, en tout ou en partie, des frais d'impression, de livrets et de registres.

En cas d'insuffisance des ressources de la commune, ces frais seront à la charge du département.

Art. 11.

Une somme de 100,000 francs sera inscrite au budget du ministère de l'intérieur pour subventionner, proportionnellement au nombre de leurs sociétaires, les associations qui se formeront dans le courant d'une année après la promulgation de la présente loi, sans que le maximum de chaque subvention puisse dépasser la somme de cinq francs par chaque sociétaire.

PROJET DE LOI

Sur la constitution d'une caisse nationale de retraite particulièrement destinée aux travailleurs des deux sexes, présenté à l'Assemblée nationale constituante par le Comité du travail.

ARTICLE PREMIER.

Il est créé, avec la garantie et sous la direction de l'État, une caisse de retraites ou rentes viagères pour la vieillesse, avec remboursement du capital versé, au décès du titulaire.

Art. 2.

Ces rentes s'acquerront proportionnellement à chaque versement, et conformément au tarif ci-annexé (*a* et *b*). Ce tarif pourra être, à toute époque, modifié par une loi pour les opérations nouvelles.

ART. 3.

L'entrée en jouissance de la pension sera fixée, au choix du déposant, de cinquante à soixante-cinq ans.

ART. 4.

Ces rentes sont incessibles et insaisissables.

ART. 5.

Il ne pourra être inscrit sur la même tête plus de 48 fr. de rentes pour les versements faits dans une année , ni plus de 480 fr. pour la totalité des versements successifs.

Néanmoins, les héritiers directs du déposant, âgés de dix-huit ans au moins , pourront acquérir immédiatement une rente correspondant au montant des sommes qui devraient leur être remboursées , conformément à l'art. 10 de la présente loi, jusqu'à concurrence du maximum de 480 fr.

ART. 6.

Aucun versement ne pourra être moindre de 10 fr.

ART. 7.

Il sera délivré, à chaque déposant, un livret sur lequel seront inscrits les versements par lui effectués et les rentes viagères correspondantes.

ART. 8.

Toute personne âgée de dix-huit ans au moins sera admise au bénéfice de la présente loi. Toutefois , la femme mariée devra obtenir l'autorisation de son mari pour effectuer le premier versement. En cas de refus de ce dernier, l'autorisation pourra être donnée par le juge de paix , les parties entendues ou dûment appelées.

En cas d'absence ou d'éloignement du mari depuis plus d'un an , le juge de paix pourra accorder la même autorisation en connaissance de cause. Dans tous les cas , l'autorisation sera irrévocable. A défaut de l'autorisation du mari ou de justice, les sommes déposées seront restituées à qui de droit, sans intérêts.

ART. 9.

Les arrérages des rentes viagères acquises à la femme mariée, en raison des versements qu'elle aura effectués avant ou après son mariage, lui seront propres, et elle pourra les toucher sur sa seule quittance.

ART. 10.

Au décès du titulaire, avant ou après l'entrée en jouissance de sa rente viagère, le montant de ses versements au Trésor sera remboursé à qui de droit, suivant les formalités ordinaires.

Néanmoins, une somme de 100 fr. au plus, imputable sur le total à rembourser, sera payée immédiatement au conjoint survivant, à son défaut aux descendants légitimes, à défaut de ceux-ci aux ascendants, sur la proposition du juge de paix, et nonobstant toute opposition ou saisie.

ART. 11.

Les rentes viagères constituées en vertu de la présente loi seront payables par mois à la caisse publique la plus voisine du domicile du titulaire.

ART. 12.

Dans le cas où, en violation de l'article 5, un déposant aurait pris deux ou plusieurs livrets, le livret sur lequel la plus forte somme de rentes sera inscrite, sera seul maintenu

Les versements inscrits sur tout autre livret au même nom ne donneront droit qu'au remboursement au décès.

ART. 13.

Un règlement d'administration publique déterminera la forme des livrets à remettre aux déposants ; le mode d'après lequel les versements seront faits, soit directement par les déposants, soit pour leur compte par les caisses d'épargne, les sociétés de secours mutuels et autres associations intermédiaires ; enfin , les formes de contrôle nécessaires pour garantir à la fois les intérêts des déposants et ceux du Trésor public. Ce règlement déterminera aussi les formalités à remplir pour le transfert des titres de rentes appartenant à la caisse générale de retraites.

ART. 14.

Une commission composée de trois représentants du peuple nommés par l'Assemblée ;

D'un membre de l'Académie des sciences désigné par cette Académie ;

De deux conseillers de la Cour des comptes désignés par cette Cour ;

D'un délégué de chacun des conseils des prud'hommes de Paris ;

De trois commissaires spéciaux désignés par le président de la République ,

Est chargée de surveiller et de contrôler les opérations et la gestion de la caisse de retraite, et de faire établir la statistique des résultats , en vue des modifications ultérieures du tarif.

Les commissaires seront nommés pour trois ans, au commencement de chaque législature.

Leurs fonctions sont gratuites.

La commission fera tous les ans un rapport à l'Assemblée nationale.

ART. 15.

Tous les versements de chaque mois seront centralisés au Trésor dans le cours du mois suivant, et employés immédiatement en achats de rentes au cours du jour.

Ces rentes seront inscrites au nom de la caisse générale de retraite.

Au 31 décembre de chaque année, le ministre des finances fera acheter des deniers de l'État la somme de rentes qui pourra être nécessaire pour compléter, s'il y a lieu, le taux de l'intérêt garanti par le tarif sur le montant intégral du capital appartenant à la caisse de retraite.

ART. 16.

Les certificats, actes de notoriété et autres pièces relatives à l'exécution de la présente loi, seront délivrés gratuitement et dispensés des droits de timbre et d'enregistrement.

Dispositions transitoires.

ART. 17.

Par exception à l'article 5 de la présente loi, et jusqu'au 1er janvier 1842, le maximum de la rente viagère pourra être acquis par un seul versement.

ART. 18.

Pendant le même délai, le ministre des finances pourra concéder aux sociétés de secours mutuels, actuellement autorisées, des rentes viagères sur la tête de leurs membres faisant partie de la Société au 1er juillet 1848, moyennant un capital non remboursable, et conformément à un tarif spécial où il sera tenu compte de cet abandon du capital.

PROJET DE LOI

Sur le travail des enfants et des femmes dans les manufactures et ateliers, présenté à l'Assemblée nationale constituante par le Comité du travail.

ARTICLE PREMIER.

Les enfants ne pourront être admis comme travailleurs dans les fabriques, usines, manufactures, chantiers, ateliers et maisons de charité, avant l'âge de dix ans.

Art. 2.

Au-dessous de treize ans, la durée de leur travail effectif n'excèdera pas six heures, divisées par un repos.

De treize à dix-huit ans, elle ne pourra excéder douze heures sur vingt-quatre, divisées par au moins deux repos.

L'âge des enfants sera constaté par un certificat délivré sur papier non timbré et sans frais, par l'officier de l'état civil.

Art. 3.

Les heures du travail de jour et celles du travail considéré comme travail de nuit seront déterminées par le préfet pour chaque commune, après avoir pris l'avis préalable du conseil des prud'hommes et du maire.

Tout travail de nuit est interdit aux enfants au-dessous de treize ans.

Si la conséquence du chômage d'un moteur hydraulique ou des réparations à un moteur quelconque l'exigent, les enfants au-dessus de treize ans pourront faire un travail de nuit, en comptant deux heures pour trois; un travail de nuit des enfants ayant plus de treize ans, pareillement supputé, sera toléré, s'il est reconnu indispensable, dans les établissements à feu continu dont la marche ne peut pas être suspendue pendant le cours de vingt-quatre heures.

Art. 4.

Les enfants au-dessous de dix-huit ans ne pourront être employés les dimanches et jours de fête reconnus par la loi.

Art. 5.

Tout enfant devra, jusqu'à l'âge de treize ans, fréquenter une école publique ou privée, à moins qu'il ne soit justifié qu'il possède les connaissances portées au programme de l'instruction primaire.

Trois heures par semaine seront prélevées sur le travail des adolescents, âgés de treize à dix-huit ans; ces trois heures seront obligatoirement consacrées à leur instruction primaire.

Art. 6.

Les maires seront tenus de délivrer gratuitement au père, à la mère ou au tuteur, un livret sur lequel seront portés l'âge, le nom, les prénoms, le lieu de naissance et le domicile de l'enfant, et le temps pendant lequel il aurait suivi l'enseignement primaire.

Les chefs d'établissement inscriront :

1° Sur le livret de chaque enfant, la date de son entrée dans l'établissement et de sa sortie ;

2° Sur un registre spécial, toutes les indications mentionnées au présent article.

Art. 7.

Des règlements d'administration publique pourront :

1° Déterminer les fabriques où, pour cause de danger ou d'insalubrité, les enfants au-dessous de dix-huit ans ne pourront point être employés ;

2° Élever le minimum de l'âge et réduire la durée du travail déterminé dans les articles 2 et 3 à l'égard des genres d'industries où le labeur des enfants excèderait leurs forces et compromettrait leur santé ;

3° Interdire aux enfants, dans les ateliers où ils sont admis, certains genres de travaux dangereux ou nuisibles ;

4° Statuer sur les travaux indispensables à tolérer de la part des enfants, les dimanches et fêtes, dans les usines à feu continu, et sur les cas de travail de nuit prévus par l'article 3.

Art. 8.

Des règlements d'administration devront, dans un délai de six mois, à partir de la promulgation du présent décret :

1° Pourvoir aux mesures nécessaires à l'exécution du présent décret ;

2º Assurer le maintien des bonnes mœurs et de la décence dans les ateliers, usines ou manufactures ;

3º Assurer l'instruction primaire et l'enseignement religieux des enfants ;

4º Empêcher, à l'égard des enfants, tout mauvais traitement ;

5º Assurer les conditions de salubrité et de sûreté nécessaires à la vie et à la santé des enfants.

ART. 9.

Les dispositions du présent décret qui concernent la limitation et la durée du travail pour les enfants au-dessous de treize ans sont applicables aux femmes et aux filles, quel que soit leur âge.

ART. 10.

Les chefs des établissements devront faire afficher dans chaque atelier, avec la présente loi et les règlements d'administration publique qui y sont relatifs, les règlements intérieurs qu'ils seront tenus de faire pour en assurer l'exécution.

ART. 11.

En cas de contravention, les inspecteurs dresseront des procès-verbaux qui feront foi jusqu'à preuve contraire.

ART. 12.

Toute contravention aux dispositions du présent décret et aux règlements d'administration publique, promulgués pour en assurer l'exécution, sera puni d'une amende de 5 à 100 fr. Les chefs d'établissements contrevenants seront traduits devant le conseil de prud'hommes, et, à défaut, devant le juge de paix ; les contraventions qui résulteront, soit de l'admission des enfants au-dessous de l'âge prescrit, soit de l'excès du travail, donneront lieu à autant d'amendes qu'il y aura d'enfants indûment admis ou employés, sans que ces amendes réunies s'élèvent au-dessus de 500 fr.

ART. 13.

En cas de récidive, les chefs d'établissements seront traduits devant le tribunal de police correctionnelle, et condamnés à une amende double de celle précédemment encourue, et à un emprisonnement de un à cinq jours.

ART. 14.

Les pères ou tuteurs qui auront consenti à faire admettre au travail des enfants n'ayant pas l'âge prescrit, ou à les faire travailler au-delà du temps délimité par l'âge des enfants, seront passibles d'une amende de 3 à 15 fr. En cas de récidive, ils pourront être traduits devant le tribunal de police correctionnelle, et pourront être punis, en outre, d'un emprisonnement de un à cinq jours.

ART. 15.

Il y aura récidive, lorsqu'il aura été rendu contre le contrevenant, dans les douze mois précédents, un premier jugement pour contravention au présent décret et aux règlements d'administration publique destinés à en assurer l'exécution.

PROJET DE LOI

Sur l'apprentissage, présenté à l'Assemblée nationale constituante par le Comité du travail.

TITRE PREMIER.

Du contrat d'apprentissage.

—

SECTION PREMIÈRE.

De la nature et de la forme du contrat.

ARTICLE PREMIER.

Le contrat d'apprentissage est celui par lequel un fabricant, marchand, ouvrier, chef d'atelier ou artiste, s'engage à enseigner la pratique de s'i profession à une autre personne qui s'oblige à travailler pour lui, le tout sous des conditions et pendant un temps convenus.

Il se forme verbalement ou par écrit.

ART. 2.

Le contrat n'est soumis, pour l'enregistrement, qu'à un droit fixe de 1 fr., lors même qu'il contiendrait des obligations de sommes ou valeurs mobilières, ou quittances relatives à l'objet du contrat.

SECTION II.

Des conditions du contrat.

ART. 3.

Aucun enfant ne peut être mis en apprentissage s'il n'est âgé de douze ans au moins.

L'âge des apprentis pourra être constaté au moyen d'un certificat délivré, sur papier non timbré et sans frais, par l'officier de l'état civil.

ART. 4.

Nul ne peut recevoir d'apprentis mineurs, s'il n'est âgé de vingt et un au moins.

ART. 5.

Sont incapables de recevoir des apprentis :

Les individus qui ont été condamnés à des peines afflictives ou infamantes ;

Ceux qui l'ont été à des peines quelconques, pour vol, escroquerie, banqueroute frauduleuse, abus de confiance, attentat aux mœurs, ou pour l'un des délits punis par l'article 423 du Code pénal ;

Ceux, enfin, qui sont privés par jugement de la totalité ou de la partie des droits de famille mentionnés aux paragraphes 5 et 6 de l'art. 42 du Code pénal.

Art. 6.

Les incapacités résultant des deux articles qui précèdent pourront être levées par le maire avec l'autorisation du préfet, et à Paris, avec celle du préfet de police.

Art. 7.

Aucun maître ne peut s'attacher plus de deux apprentis à la fois, s'il travaille seul.

Si le maître occupe plusieurs ouvriers, il pourra, en outre, donner l'enseignement industriel à un apprenti de plus pour deux ouvriers.

L'industrie horticole est exceptée des prohibitions du présent article.

SECTION III.

Devoirs des maîtres et apprentis.

Art. 8.

Le maître doit traiter son apprenti en bon père de famille; il ne peut, sous aucun prétexte, lui infliger des châtiments corporels ou des privations de nourriture, ni l'employer à d'autres travaux qu'à ceux qui sont indispensables pour la connaissance pratique de sa profession.

Art. 9.

La durée du travail quotidien des apprentis mineurs ne pourra excéder douze heures.

Les dimanches et jours de fêtes légales, l'apprenti sera dispensé de tout travail.

Art. 10.

Aucun travail de nuit ne pourra être imposé aux apprentis mineurs. Sera considéré comme travail de nuit tout travail fait entre neuf heures du soir et cinq heures du matin.

Art. 11.

Le maître est tenu de surveiller la conduite de l'apprenti

mineur, de lui laisser la faculté de fréquenter, après sa journée de travail achevée, les cours d'études industrielles relatives à sa profession, et d'avertir ses parents dans le cas de maladie, absence, ou de tout autre événement qui serait de nature à motiver leur intervention.

Art. 12.

Si l'apprenti mineur ne sait lire, écrire et compter, ou s'il n'a pas encore reçu l'instruction religieuse, le maître est tenu de lui laisser apprendre au besoin, pendant les deux premières années, sur la journée de travail, le temps nécessaire pour compléter son éducation à cet égard.

Art. 13.

Le maître doit, à peine de tous dommages-intérêts, enseigner à l'apprenti, progressivement et complétement, l'art ou la profession qui font l'objet du contrat.

Art. 14.

L'apprenti doit être respectueux envers son maître, lui obéir en tout ce qui concerne son état, et travailler pour lui pendant tout le temps convenu.

Il est tenu de remplacer, après la fin de l'apprentissage, le temps qu'il n'a pu employer, par suite d'absence ou de maladie, si ce temps excède en totalité celui de huit jours.

Art. 15.

La durée du temps d'essai, au commencement de l'apprentissage, l'obligation pour le maître de loger et nourrir l'apprenti, l'obligation pour l'apprenti de ranger l'atelier les dimanches et fêtes, sont déterminés d'après les usages locaux, à défaut de stipulations expresses.

SECTION V.

De la résolution du contrat.

Art. 16.

Le contrat d'apprentissage est résolu de plein droit :

1° Dans le cas de mort du maître ou de l'apprenti ;

2° Si l'apprenti ou le maître est appelé au service militaire.

ART. 17.

Il y a lieu à la résolution du contrat d'apprentissage, indépendamment des cas d'inexécution des engagements énoncés dans la précédente section :

1° Si le maître vient à être frappé de l'une des condamnations mentionnées en l'article 5 ;

2° Si le maître transporte son domicile dans une autre commune que celle qu'il habitait lors de la convention :

3° Pour les filles mineures, dans le cas de décès de l'épouse du maître ;

4° Si l'apprenti, par incapacité physique ou intellectuelle, est hors d'état de profiter des leçons du maître.

ART. 18.

Si l'apprenti s'est engagé à donner un temps de travail dont la durée soit excessive comparativement au prix ordinaire des apprentissages, ce temps de travail peut être réduit ou le contrat résolu.

ART. 19.

Dans les divers cas de résolution prévus par les articles précédents, l'indemnité ou la restitution qui peut être due à l'une ou l'autre des parties sera subie de manière qu'aucune d'elles ne bénéficie aux dépens de l'autre.

SECTION V.

Du livret d'apprenti.

ART. 20.

L'apprenti, quelle que soit sa profession, devra se pourvoir, à sa mairie, d'un livret en double sur lequel seront inscrits, par les soins du maître, à la suite du texte imprimé de la présente loi :

1° Les noms, prénoms et domicile de l'apprenti ;

2° Les noms, prénoms, professions de ses père et mère, tuteur ou administrateur légal ;

3° Les noms, prénoms, profession et domicile du maître ;

4° La date et la durée du contrat d'apprentissage ;

5° Les sommes payées par l'apprenti au maître ou par le maître à l'apprenti ;

6° Le temps à remplacer par l'apprenti dans les cas d'absence ou de maladie ;

7° L'acquit du temps et des conditions de l'apprentissage, ou la quotité de la somme que l'apprenti restera devoir au maître.

Art. 21.

L'un des doubles sera déposé entre les mains du maître, l'autre sera remis à l'apprenti, s'il est âgé de plus de seize ans, et, dans le cas contraire, à ses parents ou administrateurs légaux domiciliés dans le canton, et, à leur défaut, au maire de la commune.

Art. 22.

Les livrets seront en papier non timbré, cotés et paraphés gratuitement par le maire, et délivrés sans autres frais que le remboursement de leur prix de confection, qui ne pourra excéder vingt-cinq centimes.

Art. 23.

Nul ne pourra recevoir un apprenti sans se faire représenter son livret ou un certificat du maire de sa commune, constatant qu'il n'a pas été en apprentissage.

Tout maître qui occupe un apprenti ou ouvrier dont le livret ne justifie pas l'accomplissement des conditions d'un apprentissage antérieur devient passible de dommages-intérêts envers le maître lésé.

TITRE II.

De la compétence.

Art. 24.

Les contestations qui pourraient s'élever, relativement au contrat d'apprentissage, entre les maîtres et les apprentis ou les gérants de ceux-ci, seront jugées par les conseils de prud'hommes de la circonscription où est placé l'établissement du maître, et s'il n'existe point de conseils de prud'hommes, par le juge de paix du canton.

Art. 25.

Toute contravention à l'art. 5 de la présente loi, de la part d'un maître, sera punie correctionnellement d'un emprisonnement de cinq à quinze jours et d'une amende de seize à deux cents francs.

En cas de récidive, l'amende pourra être élevée jusqu'à mille francs et l'emprisonnement jusqu'à deux mois.

Art. 26.

Les contraventions aux articles 3 et 4 de la présente loi, de la part des maîtres, seront poursuivies devant le tribunal de police, et punies d'une amende de dix à quinze francs, à laquelle le tribunal pourra joindre un emprisonnement d'un à cinq jours.

Art. 27.

Il n'est en rien dérogé à l'art. 4 du décret du 3 avril 1810, concernant la juridiction disciplinaire des prud'hommes.

TITRE III.

Dispositions particulières.

Art. 28.

Un règlement d'administration publique prescrira les mesures qui seront nécessaires pour l'exécution de la présente loi.

ART. 29.

Sont abrogés les articles 9, 10 et 11 de la loi du 22 germinal an XI, et toutes les dispositions qui seraient contraires à celles des articles précédents.

ASSEMBLÉE NATIONALE.

DÉCRET.

Limitation des heures de travail.

L'Assemblée nationale a adopté le décret dont la teneur suit :

ARTICLE PREMIER.

La journée de l'ouvrier dans les manufactures et usines ne pourra pas excéder douze heures de travail effectif.

ART. 2.

Des règlements d'administration publique détermineront les exceptions qu'il sera nécessaire d'apporter à cette disposition générale, à raison de la nature des industries ou des causes de force majeure.

ART. 3.

Il n'est porté aucune atteinte aux usages et conventions qui, antérieurement au 2 mars, fixaient pour certaines industries la journée de travail à un nombre d'heures inférieur à douze.

ART. 4.

Tout chef de manufacture ou usine qui contreviendra au présent décret et aux règlements d'administration publique promulgués en exécution de l'art. 2, sera puni d'une amende de cinq francs à cent francs.

Les contraventions donneront lieu à autant d'amendes qu'il y aura d'ouvriers indûment employés, sans que ces amendes réunies puissent s'élever au-dessus de mille francs.

Le présent article ne s'applique pas aux usages locaux et conventions indiqués dans la présente loi.

Art. 5.

L'article 463 du Code pénal pourra toujours être appliqué.

Art. 6.

Le décret du 2 mars, en ce qui concerne la limitation des heures de travail, est abrogé.

Délibéré en séance publique, à Paris, le 9 septembre 1848.

Le Président et les Secrétaires,

T. LACROSSE, *Vice-Président,* PEUPIN, LÉON ROBERT, LANDRIN, BÉRARD, EMILE PÉAN, EDMOND LAFAYETTE.

www.ingramcontent.com/pod-product-compliance
Ingram Content Group UK Ltd.
Pitfield, Milton Keynes, MK11 3LW, UK
UKHW020039080726
13614UKWH00004B/1855